## LOUIS FRANÇOIS AUBERT

### Seigneur de Tourny.

Semper honos, nomenque suum laudesque manebunt.

# ÉLOGE
DE
# M.ʳ DE TOURNY,

*Ancien Intendant de la Guyenne,*

## DISCOURS

COURONNÉ, LE 2 SEPTEMBRE 1808, DANS LA SÉANCE PUBLIQUE
DE LA SOCIÉTÉ DES SCIENCES ET ARTS DE BORDEAUX.

PAR F. J......T,

Associé correspondant de la Société, et Professeur de Rhétorique
au Pensionnat central de Périgueux.

A PÉRIGUEUX,

CHEZ F. DUPONT, IMPRIMEUR DE LA PRÉFECTURE.

SE TROUVE A BORDEAUX,

CHEZ MELON, LIB., ET AUTRES M.ᵈˢ DE NOUVEAUTÉS.

AN 1809.

# AVERTISSEMENT.

Lors de la lecture publique de ce Discours, la Société des Sciences et Arts de Bordeaux, ayant passé sous silence tout ce qui a trait au maréchal de Richelieu, j'ai pu croire qu'elle le désapprouvait en partie. Elle aura sans doute pensé que, m'étant présenté comme un orateur parlant au sein même de l'Assemblée, j'aurais dû ménager davantage un homme célèbre qui a conservé des droits à sa reconnaissance. Je ne réclamerai point ici tous les droits de la vérité, encore moins examinerai-je ce qu'exigent ou permettent les bienséances oratoires : je veux seulement faire connaître l'opinion de mes Juges. Mon respect pour eux m'en fait un devoir. Dans le cas même où cette opinion paraîtrait sévère, elle n'en doit pas moins honorer ceux qui l'ont eue, et nous prouver que la protection *accordée aux Sciences et aux Lettres, est de tous les bienfaits du pouvoir, celui dont les souvenirs sont les plus durables.*

---

*N. B.* Il s'est glissé une erreur dans le classement des notes historiques : page 77, la note 11.ᵉ doit être la 12.ᵉ, et *vice versâ*.

Dans le discours, quand plusieurs notes sont indiquées par le même renvoi, elles ont toutes rapport aux faits mentionnés dans l'alinéa.

# ÉLOGE

DE

# M.ᴿ DE TOURNY,

*Ancien Intendant de la Guyenne.*

MESSIEURS,

LES générations qui se succèdent sur la scène du monde semblent destinées à donner tour à tour de tristes exemples d'ingratitude envers leurs bienfaiteurs, et par une fatalité commune à presque tous les grands hommes, il est difficile d'honorer leur mémoire, sans avoir d'abord à gémir sur l'injustice de leurs contemporains ; mais à côté de cette réflexion amère, il s'en présente une bien consolante pour les ames généreuses : tôt ou tard les talens, la vertu, le génie sortent de l'oubli où leur siècle les avait plongés ; la postérité, l'impassible postérité vient les en retirer ; elle parle, et la gloire la plus durable succède au triomphe passager des préjugés et de l'envie. Que ce ministère est auguste ! que les circonstances où nous venons l'exercer envers M. Tourny sont imposantes !

C'est à l'époque où tout ce qui fut véritablement grand est remis à sa place, c'est devant une assemblée éclairée, et aux pieds même de Montesquieu, enfin c'est à la voix d'un digne successeur de l'illustre Intendant, qu'il nous est permis de l'offrir pour modèle aux hommes destinés à être à leur tour les dépositaires des volontés et d'une partie du pouvoir des princes. Il me serait doux, Messieurs, de vous peindre les sentimens divers que ces rapprochemens font naître dans mon ame ; mais je ne le pourrais, sans mêler à mes discours l'éloge de quelques personnes qui m'entendent, et mon sujet m'avertit qu'il n'est de louanges vraiment désirables que celles décernées par la postérité.

Le plus digne éloge de M. Tourny, celui

que vous aimeriez le mieux à entendre, serait sans doute l'histoire entière de sa vie. Toutes les pensées, toutes les paroles, toutes les actions d'un père seraient religieusement recueillies par la piété filiale ; mais soit indifférence de la part de nos ancêtres, soit qu'ils aient pensé qu'aux yeux de la grande famille, la gloire de celui qui l'administra, devait consister seulement dans les actes qui se lient aux intérêts de la Patrie, à la cause de l'humanité, l'histoire de M. Tourny est déjà pour nous semblable à celle de l'homme des anciens jours : elle nous est parvenue dépouillée de ces souvenirs attachans, de ces anecdotes piquantes, de ces détails curieux, qui nous font vivre, pour ainsi dire, dans l'intimité des illustres morts ; il ne nous reste que de nombreux bienfaits et quelques monumens épars. Prévenons les suites d'un plus long oubli, et comparables au voyageur, ami des arts, qui, s'arrêtant sur les ruines d'un temple antique, considère ces débris sacrés, les étudie religieusement, s'élève du peu qui reste à la connaissance du plan général, et relève, en idée, la splendeur et la magnificence d'un sanctuaire qui n'est plus, réunissons les faits divers, étudions leurs rapports intimes, et découvrons dans les traces profondes d'une Administration trop tôt oubliée, le plan vaste et judicieux qu'un grand homme s'était tracé.

Louis - François AUBERT, Seigneur de TOURNY (1), nommé, en 1730, à l'Intendance de Limoges, y montra, dès sa jeunesse, cette noble inquiétude qui porte sans cesse l'homme de génie vers les grandes choses, cette sage vigilance qui fait prévoir les obstacles, et ce courage si rare qui les fait surmonter. Avant lui, sans communications, sans commerce, sans énergie, Limoges semblait n'appartenir au reste de la France que par ses milices, ses corvées et ses contributions; mais le nouvel Administrateur sut bientôt donner à tout une autre face. A sa voix, des routes s'ouvrirent sur tous les points où elles devaient devenir utiles, l'agriculture fut éclairée sur ses véritables intérêts; l'habitant des cités connut de nouvelles branches d'industrie, par-tout le zèle et l'activité succédèrent à l'apathie et à l'ignorance, suite ordinaire du malheur et de l'oubli. Aujourd'hui Limoges recueille encore les fruits de l'administration de M. Tourny, et si la reconnaissance des habitans se porte plus particulièrement vers M. Turgot, du moins l'observateur impartial ne peut-il s'empêcher de remarquer que ce dernier dut trouver d'autant plus de facilités à opérer le bien, que son prédécesseur venait d'en préparer tous les moyens.

C'est à vous sur-tout, Messieurs, qu'il appartient d'entendre louer l'administration de M. Tourny dans sa première Intendance, puisque c'est aux lumières et au courage qu'il y montra, que la Guyenne fut redevable de l'avoir elle-même pour Intendant.

Lors de la disette de 1740, les Intendans avaient reçu l'ordre de se conformer à des mesures générales, proposées par le Parlement de Paris; mais ces mesures, approuvées par le ministère, et salutaires sans doute dans quelques endroits, parurent à l'Intendant de Limoges funestes pour sa Généralité. Cependant le mal était pressant; il fallait prendre un parti. Aussitôt tout autre intérêt que celui du peuple disparaît à ses yeux : il abandonne le plan tracé, et, pour sauver des malheureux, il brave tous les hasards d'une disgrâce. Ce dévouement, que l'on nomme dans les Cours audace, témérité, folie, ne fut pas, cette fois, nuisible au généreux Administrateur qui venait d'en donner l'exemple. Le Parlement lui-même reconnut la sagesse de M. Tourny, et le Ministère, peu accoutumé à voir la Magistrature applaudir aux dépositaires de l'autorité des rois, jeta dès-lors les yeux sur lui, pour l'Intendance de la Guyenne ; persuadé qu'aucun homme n'était plus propre à éteindre, dans tous les cœurs, la haine héréditaire dont jusqu'alors les Intendans de cette province avaient tour-à-tour été l'objet.

Les souvenirs de la joie que fit naître ce témoignage éclatant rendu au courage et à la vertu, ne sont pas encore effacés. On espéra voir enfin renaître les jours heureux de l'administration de M. Daguesseau (*), qui, presque seul de tous les Intendans de la Guyenne, avait mérité de vivre honorablement dans la mémoire des hommes. On s'abandonna d'autant plus volontiers à

---

(*) M. Daguesseau, père du Chancellier.

cet espoir, que, sans remonter à des époques très-reculées, il était facile d'établir un parallèle consolant entre l'administration de M. Tourny à Limoges, et celle de la plupart de ses prédécesseurs à Bordeaux. Un sujet courageux et fidelle, un Administrateur ardent et éclairé, un ami de la gloire et des hommes, allait succéder à des ambitieux dépourvus de lumières ou de probité, ivres d'orgueil, étrangers à tout ce qui constitue la véritable grandeur, habitués à regarder les provinces comme leur domaine, et les peuples comme des esclaves; on n'aurait plus à craindre la perfidie qui envenime les plaintes les plus légitimes, l'injustice qui sollicite les peines, la cruauté qui les aggrave; le peuple apprendrait enfin à connaître le souverain par ses bienfaits, et le souverain serait instruit de ses devoirs par le tableau fidelle des besoins de ses sujets.

Telle fut, Messieurs, l'espérance publique à la nouvelle de la nomination de M. Tourny. S'il est malheureux pour l'homme médiocre d'être attendu avec des préventions aussi favorables, avouons que c'est un bien noble motif d'encouragement pour l'homme de génie, que d'inspirer d'avance cette honorable confiance, quand il se sent dans le cœur tout ce qu'il faut pour la justifier.

Le nouvel Intendant vit, à la fois, ce que lui imposaient et la faveur du prince, et l'attente du peuple. Déjà l'expérience lui avait appris toute l'étendue des devoirs qu'il aurait à remplir. Il savait que, dans cette place éminente, l'homme d'Etat doit embrasser d'un seul coup d'œil, et surveiller ensemble les différentes branches de l'administration, le commerce, l'agriculture, les finances, la police et les tribunaux ; réparer les maux causés par les fautes des prédécesseurs, par les ravages du temps et les crises de la nature ; commander les améliorations possibles dans le présent, et en préparer d'autres dans l'avenir; tenir d'une main prudente et ferme les rênes des autorités secondaires, et imprimer au système général un mouvement uniforme et réglé ; défendre les droits du trône, et ménager ceux des peuples, car les peuples ont aussi leurs droits ; concilier sagement les intérêts privés avec l'intérêt public, et faire courageusement céder les premiers quand le second l'exige; enfin, réunir tout ce qu'il faut de talens et de vertus pour exercer le pouvoir des rois sans opprimer les sujets, imprimer le respect sans inspirer la crainte, être grand sans orgueil, juste sans rigueur, et bon sans faiblesse.

Voilà, Messieurs, quelle idée M. Tourny s'était faite de ses fonctions; il avait reçu de la nature et de l'éducation les dons nécessaires pour s'en acquitter dignement. Actif, vigilant, infatigable, ne voyant rien d'impossible lorsqu'il s'agissait du bien, rien de permis s'il fallait blesser la justice, il était éminemment doué de cette heureuse opiniâtreté sans laquelle il faut renoncer à faire le bonheur des hommes. Quand on se rappelle aujourd'hui l'immensité de ses travaux, les nombreux détails de son administration, les obstacles qu'il eut à vaincre de la part de deux Ordres alors tout-puissans dans l'Etat, la Noblesse et la Magistrature; quand on songe aux audiences journalières qu'il donnait, aux tournées fréquentes qu'il faisait dans sa Généralité, à ses voyages à Paris, que multipliait le besoin d'éclairer le Ministère; quand on connaît cette multitude de plans, d'états, de mémoires, destinés à démasquer l'intrigue, à repousser des attaques personnelles, à préparer et conduire tant de vastes entreprises, on a peine à concevoir que, dans si peu d'années, il ait opéré de si grandes choses. Mais il s'était tracé d'avance un plan dont rien ne pourrait le détourner.

Persuadé que les troubles dont la province s'était vue si souvent agitée, n'avaient eu la plupart du temps d'autre source que les vices mêmes de l'administration, il allait substituer aux vues étroites et temporaires de ses prédécesseurs, un système durable, propre à rattacher au trône, par un lien commun de reconnaissance et d'amour, toutes les classes de la société. Mais il voulait en même temps que ces différentes classes fussent enchaînées entre elles par des relations de besoins et d'intérêts réciproques, assez intimes, assez puissantes pour contrebalancer les dangereux effets de la diversité de religion et de l'excessive disproportion des fortunes. Tout était à créer pour atteindre ce double but ; M. Tourny devait tout surmonter.

Dans la Métropole, sa main prévoyante effacera jusqu'aux traces de la honte et des malheurs du passé. Ces fortifications, déplorables monumens des guerres civiles et religieuses, disparaîtront pour faire place à de paisibles demeures; ces marais, d'où s'exhalaient la peste et la mort, seront comblés; des fontaines, des plantations salutaires, des rues spacieuses entretiendront par tout la fraîcheur et la vie; Bordeaux va devenir une cité vraiment hospitalière. La magnificence des édifices publics inspirant une utile rivalité aux riches, des constructions élégantes succéderont à des habitations hideuses, et l'or du nouveau monde répandu sur le sol de la Patrie, ira nourrir la classe industrieuse et pauvre. Les autres cités participeront aux mêmes bienfaits, dans une sage proportion avec la population et l'importance des localités. Bientôt ces villes, embellies et rendues plus saines, seront liées entre elles par de nouvelles routes, qui, devenant au commerce de l'intérieur ce que sont les mers au commerce des nations, feront circuler par tout les richesses de la Métropole, et lui rapporteront en retour ou les produits des manufactures éloignées, ou les fruits de l'agriculture. Alors le cultivateur lui-même osera concevoir l'espérance d'un meilleur avenir. Sûr de trouver, par la facilité des communications, l'écoulement de ses denrées, il ne craindra plus de perdre ses sueurs : on le verra multiplier ses plantations, étendre ses cultures, fertiliser les sables, défricher les déserts. Mais ces travaux même, en prêtant de nouveaux charmes à la campagne, feront naître pour l'homme opulent des villes, de nouveaux besoins, de nouvelles jouissances : rassasié d'or et d'ennui, il ira bâtir dans les hameaux ; il y portera son faste, ses prodigalités, ses caprices, et le superflu des palais répandra l'aisance et la joie sous le chaume étonné.

C'est là, Messieurs, le mouvement régénérateur que la main du génie doit imprimer à tout un peuple. Tous seront unis, parce que tous seront heureux ; tous aimeront le souverain, parce que l'homme destiné à opérer ces grands changemens est l'homme choisi par le souverain. Ne croyez pas, Messieurs, qu'entraîné par des sentimens que vous partagez, je m'abandonne à de douces illusions. Il n'est pas besoin d'avoir été admis dans le conseil des hommes publics, pour connaître l'ensemble et l'étendue de leurs vues ; c'est sur ce qu'ils ont fait que la postérité juge des plans qu'ils ont suivis ; leurs actes mettent l'univers dans leur confidence. Parcourons rapidement la vie politique de M. Tourny, et vous m'accuserez peut-être de n'avoir pas assez pénétré ses vastes desseins.

Son premier soin fut de s'entourer d'hommes animés du même esprit que lui. Choisis parmi les citoyens vertueux, ses secrétaires étaient reçus dans son intimité, et partageaient ses délassemens comme ses travaux. En faisant ainsi rejaillir sur eux une partie de son éclat, en les honorant pour les rendre honorables, il s'assurait du moyen le plus propre à écarter de ses bureaux l'espionnage, l'adulation, l'intrigue, les honteuses complaisances ; c'était annoncer au public que toute l'Intendance, marchant au même but, formait une ligue puissante contre les abus de toute espèce, toujours prête à accueillir les justes réclamations, à protéger le faible, à soulager le pauvre et à venger l'opprimé; c'était se montrer constamment accessible à la vérité, et assez courageux pour la faire passer jusqu'aux pieds du trône.

Cette sage organisation fit bientôt entrevoir ce qu'on devait attendre de son illustre auteur. Mais il fallait que la même impulsion se communiquât aux parties éloignées du centre. Aussi, presque en arrivant, M. Tourny s'empressa-t-il de tout voir, de tout connaître par lui-même. Voyageant avec la dignité du représentant d'un grand souverain, recevant avec modestie les honneurs dûs à son rang, et avec bonté les citoyens de toutes les classes, il écoutait les plaintes, expédiait les requêtes, réparait les torts, et ne laissait point subsister entre la vérité et lui, l'intermédiaire des subdélégués. Ce fut sous lui que ces autorités secondaires perdirent la funeste influence qu'elles exerçaient sur le peuple. Alors disparurent ces iniquités secrètes, ces perfidies obscures, qui s'étaient multipliées sous les prédécesseurs de M. Tourny. L'ascendant de sa vertu entraîna tout le monde. Tous furent vertueux, ou du moins forcés de le paraître, et de travailler avec lui à la prospérité de l'Etat.

En visitant ainsi successivement les différentes parties de sa Généralité, il acquit en peu de temps, sur l'agriculture, sur les communications générales et particulières, sur les différentes branches d'industrie, ces rares connaissances qui devaient signaler tous les actes de son administration. Tandis qu'il donnait aux habitans de Nérac, d'Agen, de Périgueux, de Libourne, de toutes les villes de son département, des promenades, des édifices, des plans d'embellissement; tandis qu'il s'occupait à la fois d'assurer des jouissances aux citadins et de prévenir leurs maux, il arrêtait aussi ses regards et ses pensées sur l'utile habitant des campagnes, toujours oublié sous les mauvais princes, toujours opprimé sous les administrateurs sans vertus. Il consultait lui-même les officiers publics, les pasteurs, les anciens du hameau; il apprenait de la bouche de ces hommes simples et naïfs leurs besoins, leurs craintes, leurs désirs; il s'informait de la nature de leur sol, de son genre de culture, de ses produits, et des impositions qu'il supportait; il donnait des conseils, proposait des essais, ouvrait de nouvelles communications, réglait tout, prévoyait tout, et, dans ces courses salutaires, montrait par tout au laboureur une bienveillance, une sollicitude vraiment paternelles. S'il conservait encore quelque grandeur, c'était seulement celle qui lui était personnelle ; son génie créateur, et son enthousiasme pour la gloire. Ainsi, vous le vîtes, heureux habitans de nos campagnes, tantôt s'arrêter au milieu de vos sillons pour y contempler l'endroit mémorable où triomphèrent les armes de la Patrie, tantôt s'émouvoir jusqu'aux larmes à l'aspect du sol qu'habita le meilleur des rois (*), ailleurs se confondre dans vos rangs, au milieu du temple fondé par la piété d'un héros, et s'honorer d'assister avec vous à la consécration du monument érigé par Turenne au Dieu des armées (**).

A peine fut-il revenu de ses premières tournées, que les travaux déjà commencés prirent une direction plus sûre, une marche plus rapide. La France était alors en guerre; mais grâce au génie de l'illustre Intendant, Bordeaux et presque toute la Généralité offraient un tableau comparable à celui d'un peuple industrieux fondant une nouvelle colonie, sous les auspices de la paix. On élevait des édifices, on nivelait des places,

---

(*) Nérac, où vécut Henri IV.
(**) Castillon. *Voyez* les notes historiques ci-après, n.° 2.

on prolongeait des chemins publics, tous les arts et tous les bras unissaient en commun leurs efforts, et déjà s'élevaient de toutes parts les fondemens de notre prospérité future.... Mais au milieu de tant de joie et d'espérance, quel voile affreux s'étend tout à coup sur un pays auquel le bonheur semblait sourire ? Nous touchons au moment où la fortune va porter à M. Tourny le coup le plus sensible.

La grêle avait dévasté les campagnes de la Guyenne, (\*) et détruit jusqu'aux espérances du cultivateur; l'avenir se présentait sous un aspect d'autant plus effrayant, que le mal était général, et dans la plus belle saison de l'année, la France entière ne présentait que la solitude et la nudité des hivers. M. Tourny sentit les fléaux prêts à fondre sur le peuple. Réunissant alors dans ses craintes, et la Métropole, et les autres villes de sa Généralité, il voudrait à la fois les préserver toutes des maux qui les menacent. Pour les unes, il autorise des marchés et des emprunts (3) qui devaient assurer leurs approvisionnemens; dans d'autres il verse des fonds; par-tout il prépare des se-

---

(\*) En 1746 et 1747.

cours pour le pauvre, première victime des rigueurs du Ciel et de la cupidité des hommes. Mais le génie du mal veillait aussi : il allait rendre vaines toutes les mesures de la prudence.

A cette époque, la France donna au monde un de ces exemples qu'il est utile de recueillir pour l'instruction des peuples et des rois. La guerre avait tari les sources de la prospérité publique; le monarque, amolli par les plaisirs, commençait à démentir ce titre de *Bien-Aimé* que la flatterie seule lui conservait encore ; une femme insolente, une odieuse favorite (\*) gouvernait le prince et l'Etat; et le ministère, devenu aussi versatile que la main dont il recevait l'impulsion, se montrait favorable à tous les plans qui procuraient une ressource momentanée : on craignait les vrais remèdes à nos maux, on ne cherchait que des palliatifs. Voilà, Messieurs, dans quelles circonstances la famine vint joindre toutes ses horreurs à tant d'autres calamités. Des traitans avides (4), tranquilles spectateurs de nos misères, en observaient les progrès. Ils assiégèrent au même instant le cabinet de Versailles : un

___
(\*) Madame Pompadour.

esprit d'aveuglement et de vertige se répandit sur ceux qui tenaient les rênes de l'Etat, et la cupidité prévalut sur la sagesse courageuse, mais devenue sans appui. Sous le spécieux prétexte d'approvisionner nos flottes, on entassa les grains dans les ports de la Flandre et de la Bretagne, et des compagnies, dont le souvenir fait encore frémir, obtinrent des priviléges exclusifs; titres affreux, à l'abri desquels elles trafiquèrent publiquement du sang et des larmes des Français.

Dès-lors le mal s'accrut avec la rapidité d'un violent incendie. Les grains de toute espèce montèrent presque subitement à un taux auquel l'opulence seule pouvait atteindre. Le pauvre, l'artisan, l'homme aisé lui-même, passèrent tout à coup des souffrances du besoin, aux horreurs de la faim. On vit se renouveler des scènes qui avaient fait accuser l'histoire d'imposture. D'un côté, le peuple des cités demandait à grands cris du pain, et, dans son aveugle fureur, accusait l'habitant des campagnes d'avoir détourné, caché, enfoui des grains que l'infortuné n'avait pas récoltés; de l'autre, le laboureur accusait l'habitant des villes, et le menaçait d'y porter le fer et la flamme: par tout une population malheureuse était prête à s'entr'égorger pour les torts de la nature et des rois.

Cependant la multitude désespérée portait ses plaintes aux pieds du Parlement, dernier refuge de la Patrie dans les jours de calamité. Les furieux y trouvèrent de nouveaux fermens de discorde. Ici, Messieurs, je voudrais vous cacher ma pensée, je voudrais jeter un voile sur la conduite d'un sénat si respectable après sa chute, si grand dans tous les temps par son courage et ses vertus; mais il ne m'est pas permis de taire ses fautes au tribunal de la postérité. Le Parlement, fier de réunir en soi les honneurs réservés aux patriciens et la faveur prodiguée aux tribuns, jaloux de se conserver une popularité qui, dans les circonstances, était peut-être l'unique sauvegarde, renouvela contre M. Tourny une manœuvre employée, en 1720 (5), contre les jurats, et le déclara hautement l'auteur des maux publics. O jours de honte! jours d'égarement que je voudrais pouvoir effacer de nos annales! Une vie consacrée toute entière à la bienfaisance fut exposée à l'affront du reproche ; on osa soupçonner de projets de famine, l'homme qui avait préservé Limoges de ce fléau ; on présenta, comme ennemi du peuple, l'Administrateur auquel le peuple devait ses marchés, ses fontaines, ses promenades, son aisance et son bonheur! Un Intendant modeste et désintéressé se vit traiter de complice d'une cour avide et corrompue ; sa fortune, déjà réduite, devait l'être un jour de plus de moitié, et on l'accusa de protéger un monopole infame !... Le Parlement accusateur cédait-il donc à des ressentimens personnels? ou plutôt, égaré par un zèle peu réfléchi, entraîné par cette opinion commune à tous les bons esprits, que nos malheurs partaient du trône, voulait-il accabler sous le poids de la haine publique, le dépositaire de l'autorité souveraine? Je l'ignore ; mais des soupçons, d'horribles soupçons planèrent sur la tête du juste. Ainsi Athènes crut à l'impiété de Socrate, quand l'Aréopage l'eut déclaré ennemi des Dieux.

Je me trompe, Messieurs, nos ancêtres furent plus sages que les Athéniens : ils ne purent oublier sitôt leur respect, leur amour pour celui qu'ils s'étaient habitués à regarder comme leur bienfaiteur : les cris du besoin ne devinrent pas ceux d'une horrible vengeance. Reportons-nous en idée à ces jours de deuil. N'admirons point M. Tourny pour avoir, dans ces déplorables conjonctures, ouvert sa bourse aux malheureux, fait de son palais l'asile du pauvre, rempli les hospices de ses bienfaits, multiplié les travaux publics, surpassé ses ennemis en prévoyance et en générosité : l'homme public doit encore de plus grands exemples au monde. Mais de quel admirable mélange de modération et de fermeté n'eut-il pas besoin pour maintenir la paix et prévenir les séditions dans ces malheureuses contrées? Revêtu d'un pouvoir dont la source était présentée comme odieuse, accusé par un corps puissant et cher à la multitude, seul avec sa vertu contre des furieux pressés par le désespoir et la faim, de quelle constance, de quelle force d'ame surnaturelle ne dut-il pas s'armer pour faire tête à l'orage, et rester inébranlable au milieu de tous les maux conjurés, de toutes les passions soulevées? Le sage, l'homme pur et vrai, l'Administrateur irréprochable était seul capable d'un tel héroïsme......

Mais, Messieurs, je m'égare. Ferais-je à la génération actuelle l'injure de croire que M. Tourny aurait encore besoin d'être justifié devant elle? Instruits par tant d'exemples récens de la facilité avec laquelle on peut, dans des temps de souffrance et de misère, soupçonner, accuser, calomnier les hommes éminens, ne me reprocherez-vous pas de mêler trop long-temps aux éloges de votre bienfaiteur le souvenir amer de l'injustice de vos pères? J'aurais dû, je le sens, vous épargner ces douloureux tableaux; mais pardonnez à l'élan d'une ame profondément indignée. Et toi, ombre auguste et chère, si mes accens s'élèvent jusqu'à toi, ah! pardonne aussi; c'est mon respect même pour ta mémoire, qui m'a fait oublier un instant que la reconnaissance et l'immortalité s'étaient pour jamais assises sur ta tombe!

Détournons nos regards, Messieurs, des malheurs publics; la paix vient y mettre un terme. La fermentation générale était à son comble, lorsqu'un courrier extraordinaire, expédié d'Aix-la-Chapelle (*), arrive dans

---

(*) Six mai 1748.

nos murs, et annonce la signature des préliminaires. Aussitôt M. Tourny se porte dans tous les quartiers de la ville, proclame l'heureuse nouvelle, ranime les courages abattus, rend l'espoir à ceux qui n'attendaient plus que la mort, et promet l'arrivée prochaine de secours dès long-temps préparés, mais jusqu'alors retardés par la guerre. Cinq jours après, plusieurs vaisseaux chargés de blé entrent dans le port.

Si la paix fut l'époque où le peuple désabusé rendit tout son amour à M. Tourny, elle fut aussi l'époque où l'étranger se vit forcé de lui accorder son admiration. Nos ennemis, que la foi des traités ramenait dans le port de Bordeaux, saisis d'étonnement à l'aspect de cette longue suite d'édifices réguliers qui commençaient à s'élever sur les bords du fleuve, de ces quais déjà prêts à recevoir le tribut des mers, de ces rues profondes à travers lesquelles leurs regards pouvaient pénétrer dans nos campagnes, se demandaient quel génie, quel dieu avait changé pour nous des jours de guerre en jours de prospérité ; et détestant dans leur cœur des combats qu'ils croyaient n'avoir été funestes que pour eux seuls, ils emportaient la plus haute idée de la splendeur de cette Cité, et du génie de son nouveau fondateur.

Mais avant de considérer M. Tourny sous ce dernier rapport, suivons-le dans le cours et l'ensemble de ses opérations. Si lui-même ne se regarda jamais comme l'homme d'une seule ville, sachons aussi nous rendre justice et mettre la cause de l'humanité avant la nôtre.

Pendant que nous jouissions de l'étonnement de nos ennemis, les nouvelles routes s'achevaient avec une rapidité qui tenait du prodige; les campagnes voyaient succéder à la disette et au désespoir l'abondance et la joie; M. Tourny répandait de tous côtés des encouragemens, introduisait de nouvelles cultures, stimulait le zèle des agriculteurs, et leur faisait connaître, par ses mesures salutaires, le fruit de ses voyages et de ses observations. Mais ces heureuses innovations, où des esprits superficiels ne découvraient encore que l'avantage particulier de l'agriculture, se liaient aussi aux grands intérêts du commerce. Jaloux de ravir aux peuples du Nord une partie des tributs que leur payait notre marine, d'un côté il appelle, dans nos landes, tous les bras vers l'exploitation en grand du pin maritime, et remet en vigueur les pratiques que, vingt ans après M. Colbert, des Suédois étaient venus nous apprendre ; de l'autre, il propage dans l'Agénois la culture des chanvres, distribue des primes d'encouragement, et, pour stimuler plus vivement l'industrie, publie le résultat des expériences faites à Brest sur les chanvres de la Guyenne, comparés à ceux du Nord et la Bretagne. Ainsi le cultivateur, apprenant avec un sentiment d'orgueil national, que ses productions l'emportent sur celles de l'étranger, sent redoubler son zèle, accroît ses travaux, et, presque à son inçu, contribue à augmenter la prospérité générale : heureux effets de deux mobiles tout-puissans entre les mains d'un grand Administrateur, l'honneur et l'intérêt.

Un autre genre de culture appela momentanément ses regards. L'influence et l'activité de son génie entraînaient tous les esprits vers les découvertes utiles ; on venait de reconnaître que plusieurs cantons de la Guyenne pouvaient produire des tabacs préférables à ceux de l'étranger, et déjà un grand nombre de familles se livraient à cette culture. La nature, secondée par la main du pouvoir, allait enrichir nos provinces d'une nouvelle branche d'industrie ; mais la Ferme générale l'apprend; elle s'alarme, et tremble pour son privilége exclusif. A l'instant ses satellites fondent sur nos campagnes ; la ruine et la désolation les suivent. Menacé des fers, le laboureur épouvanté abandonne le champ paternel ; des femmes, des enfans sont inhumainement chassés de leurs cabanes ; des familles entières s'expatrient. L'Intendant apprend ces désastres. Pour en arrêter le cours, il vient se rendre médiateur entre l'infortune et la cupidité. Un plan qu'il propose semblait devoir tout concilier. Le colon serait obligé à des déclarations expresses, et ne pourrait vendre qu'à la Ferme; le fermier acheterait en Guyenne ce qu'il payait autrefois à la Hollande; par ce moyen, des capitaux énormes resteraient en France, l'Etat acquérerait de nouveaux produits, le fermier des gains plus sûrs, et le malheureux colon une nouvelle ressource contre le besoin. Mais la cupidité s'accroît en raison de ce qu'on lui cède. La Ferme ayant insisté pour être, à l'exclusion des tribunaux, seule juge des contraventions, M. Tourny s'y refusa, repoussa les dons de la nature, plutôt que de s'exposer à les recueillir arrosés de larmes, et ne voulut point léguer à sa Généralité un présent, qui, sous un successeur plus faible ou moins vertueux, aurait pu devenir funeste. Dans les siècles corrompus, il est des biens que le sage doit éloigner du pauvre.

Après avoir passé légèrement sur tant de grands objets d'administration, je vous paraîtrais m'arrêter trop long-temps sur un fait de peu d'importance, si vous pouviez oublier, Messieurs, que mon premier devoir est de vous faire connaître M. Tourny. Son génie est empreint dans les monumens qui nous environnent; mais les excellentes qualités de son ame le sont dans ces traits fugitifs, moins connus, et pourtant peut-être plus dignes de l'être. J'admire le prévoyant Administrateur qui nous donna de nouveaux rapports avec le Nord et le Midi de la France, qui introduisit parmi nous le goût des arts et des choses vraiment désirables, qui sut nous rendre notre Patrie plus chère, qui força tant d'étrangers à l'adopter pour la leur; mais il m'inspire une vénération profonde, quand, au milieu de tant de soins, de projets, d'inquiétudes de toute espèce, je le trouve pénétré de tous les sentimens de bienfaisance et d'humanité. Le même homme qui rattachait ensemble les anneaux de la chaîne sociale, qui traçait le plan des villes, qui ouvrait de nouvelles routes au commerce, et soumettait la nature à ses vues, descendait aussi aux objets les plus voisins du pauvre. Pour ménager quelque pâture à la brebis de l'indigent, tantôt il propose au Ministère la restauration des anciens communaux, tantôt il s'oppose à l'aliénation de ce qui subsiste encore de ces institutions salutaires; là, rappelant à leur devoir les officiers des ponts et chaussées, il rend les corvées moins odieuses et les peines moins sévères; ici, son exacte impartialité fait que la milice n'est plus aux yeux du cultivateur, qu'un service honorable, qu'une dette légitime à payer à la Patrie; ailleurs, il s'efforce d'abolir les péages, restes affligeans de l'antique féodalité; par tout le soulagement de l'infortune est sa plus importante affaire, et pour y parvenir, il ne craint point de descendre à des détails jusqu'alors abandonnés aux subalternes.

C'est lui-même qui veille à tout ce qui concerne les impositions, toutes les requêtes passent sous ses yeux, toutes sont répondues de sa main; il veut qu'elles soient jointes aux rôles, car il ne s'agit pas seulement pour lui d'être juste, mais il ne faut pas même que le contribuable ait à redouter la possibilité d'une injustice (*). Heureux le peuple dont les Administrateurs ne regardent pas de pareils soins comme indignes d'eux ! Si par orgueil ou molesse, si, sous une fausse apparence de grandeur, on les remet à des subordonnés, c'est alors que l'intrigue et la corruption disposent de tout : alors la ruine et le désespoir se glissent dans les familles, les campagnes se dépeuplent, l'Etat s'appauvrit, et le souverain, détesté au fond des cœurs, recueille tôt ou tard la malédiction des peuples.

Mais ces détails ne détournaient pas M. Tourny des grandes pensées de l'administration. Son infatigable activité multipliait ses facultés, comme sa probité sévère multipliait ses devoirs, et, l'œil sans cesse ouvert sur toute sa Généralité, il en diri-

---

(*) *Voyez* les notes 6, 7, 8 et 9.

geait ensemble toutes les parties. Le moment est venu, Messieurs, de vous le représenter plus spécialement occupé des intérêts du commerce, et de vous entretenir des bienfaits dont vous avez été les premiers à recueillir les fruits.

Vous avoir retracé ce que l'illustre Intendant fit pour l'agriculture, c'est déjà, Messieurs, vous avoir indiqué en partie ses opérations en faveur du commerce ; car toutes les parties de son système étaient intimement liées entre elles, et nul autre Administrateur n'a mieux connu que lui l'art de faire valoir les uns par les autres les différens mobiles de la prospérité des Empires. Cependant entre tant de moyens, il en est deux dont toute la gloire lui appartient, et qui ont eu, sur nos relations avec les autres peuples, l'influence la plus mémorable. Vous voyez que je veux parler des grandes routes et des embellissemens de Bordeaux. Je vous l'ai déjà dit, Messieurs, mais vous m'entendrez avec plaisir le répéter; en fondant, pour ainsi dire, une métropole nouvelle, enrichie de toute la magnificence des arts, et pourvue de tout ce qui peut rendre la vie agréable et douce,

M. Tourny sut attirer dans vos murs une foule d'étrangers qui n'abordaient jadis qu'avec effroi sur vos rives ; il doubla les capitaux de la place, et fixa sur votre sol des fortunes toujours prêtes à s'en éloigner. D'un autre côté, les grandes routes qu'il ouvrit devinrent autant de canaux pour l'écoulement de ce surcroît de richesses, et les trésors du commerce n'étant plus condamnés à rester accumulés sur un seul point, allèrent répandre l'abondance jusqu'aux extrémités de l'Empire. Laissons des hommes légers censurer aujourd'hui ces travaux de M. Tourny ; laissons-les s'interdire toute reconnaissance, parce que les arts perfectionnés depuis ont tracé des communications plus directes ou plus commodes ; insensés qui ne voient pas qu'en toute chose, l'honneur et la gloire appartiennent toujours au génie qui, le premier, ouvrit la carrière : considérons M. Tourny sous un rapport qui fit en tout temps le désespoir de ses ennemis.

Oubliez un moment, MESSIEURS, ce qui vous environne, ne voyez plus Bordeaux tel qu'il se présente à vos regards, contemplez-le dans ces temps reculés. Son double fleuve navigable sur plus de cent lieues de côtes fertiles, ses relations directes avec nos colonies, ses fréquens rapports avec tous les peuples de l'univers, lui assuraient déjà un rang honorable parmi les cités opulentes ; mais quand l'étranger, séduit par tant de renommée, venait pour admirer de près cette ville dont il trouvait le nom mêlé à toutes les opérations commerciales importantes, quelle était sa surprise? que devenaient ses brillantes illusions? De quelque côté qu'il arrivât, tout affligeait ses regards. Le port au milieu duquel flottaient les pavillons de toutes les nations, était bordé de maisons basses, étroites, distribuées au hasard, sans ornemens et sans goût; des remparts à moitié démantelés, une longue suite de forts et de bastilles, successivement élevés par Charles VII, Charles IX et Louis XIV, formaient l'enceinte de la ville. Ainsi, d'un côté, la misère en face des richesses, et de l'autre, vis-à-vis des rians tableaux de la nature, les durables souvenirs de la défiance des princes, ou des calamités des guerres civiles : voilà sous quels aspects Bordeaux s'offrait au voyageur (*).

---

(*) *Voyez* la note 10.

Cependant la patrie d'Ausonne, déjà célèbre dès le temps des Césars, située sous un beau ciel, entourée de riches campagnes, et baignée par un fleuve superbe, pouvait recouvrer son antique splendeur, si la main du génie parvenait à lui rendre des biens que les révolutions, la négligence, l'abandon et l'imprévoyance, le pire de tous les fléaux en politique, lui avaient fait perdre. M. Tourny le sentit : il en forma le dessein dès son arrivée, ou plutôt ce dessein faisait lui-même partie du plan général qu'il s'était tracé.

Le seul projet utile dont on se fût occupé avant lui, était celui de la Place-Royale, mais il avait été mal conçu. M. Tourny ordonna les rectifications nécessaires, et ajouta au premier devis la Bourse et la Douane. Au même instant il entreprit d'autres travaux qui annoncèrent que le bonheur des hommes serait le premier objet de ses pensées. Un gouffre pestilentiel était ouvert sous les pas du peuple; une immense population, captive dans ses murailles, se voyait obligée de traverser les marais pour aller respirer un air moins infect; la ville était dépourvue de promenades, de fontaines, de quais, de rues et de places assez vastes pour une cité commerçante : il fallait à la fois soulager des maux présens, en prévenir de plus grands encore, et donner une nouvelle existence à des hommes chez qui les dégoûts et les souffrances entretenaient le mécontentement et l'inquiétude. Le sage Intendant s'occupa de tous ces objets en même temps. Mais à peine eut-il commencé, que de toutes parts les intérêts privés se soulevèrent contre l'intérêt général. Tandis que, sur les grandes routes, les orgueilleuses prétentions du moindre gentilhomme entravaient à chaque pas la marche des travaux, la Métropole voyait des citoyens de toutes les classes former une ligue insensée, ennemie de son propre bonheur. Tous soupiraient après un meilleur avenir, mais nul n'était disposé à l'acheter par le plus léger sacrifice. On vit même, ô scandale ! on vit des ordres religieux refuser à l'Etat une faible portion de ce qu'ils devaient aux bienfaits de la Patrie ! A ces calculs de l'égoïsme et de la malignité, M. Tourny opposa la modération, la constance, la sagesse : il ne commanda qu'alors qu'il ne put convaincre, et sous lui l'autorité ne parla jamais qu'après la raison. Cependant, si dès les premiers pas, il eut à vaincre tant d'oppositions, combien ne durent-elles pas se multiplier quand il fallut abattre ou dérober aux regards l'ouvrage des rois, et tracer une cité nouvelle à travers les domaines du magistrat, du noble et de l'homme opulent? Un travail opiniâtre, un courage inébranlable pouvaient sans doute triompher des obstacles qu'opposait la nature ; il était possible de bâtir sur un sol mouvant, d'applanir des hauteurs, de combler des précipices : mais quel heureux emploi de toutes les forces morales ne fallut-il pas pour triompher à la fois de l'orgueil, des préjugés et de la calomnie? Une cour voluptueuse, un parlement ombrageux, une noblesse jalouse de ses prérogatives et de ses fiefs, M. Tourny eut tout à combattre. Ses projets lui suscitaient chaque jour de nouveaux ennemis, sa constance les irritait de plus en plus; mais l'homme véritablement grand éprouve une joie secrète, quand, pour le bonheur de l'espèce humaine, il s'agit de braver la haine, la cupidité, l'envie, toutes les misérables passions des ignorans et des pervers. Sa récompense est dans l'avenir : les yeux toujours fixés sur elle, il en jouit d'avance; elle lui inspire même une sorte de courage qui semble d'abord incompatible avec un ardent amour de la gloire. Rien ne l'arrête, rien ne le rebute, ni les correspondances minutieuses, ni les tracasseries obscures, ni les discussions litigieuses, ni les cris, ni les murmures: comme une autre providence, il marche à son but, à travers les plaintes, l'injustice et l'ingratitude des générations vivantes (*).

D'abord M. Tourny voulut s'entourer des lumières des ingénieurs du pays ; mais la grandeur de ses projets les étonna. Frappés seulement des difficultés, ils ne montrèrent que de la tiédeur et de l'irrésolution, quand on demandait du zèle et du dévouement. C'est alors que demeuré presque seul avec lui-même, il prend les crayons, jette ses idées sur le papier, et commande l'exécution. Ainsi s'élevèrent en peu de temps et les édifices qui bordent la partie méridionale du port, et cette porte élégante qui semble s'ouvrir vers Paris pour appeler

---

(*) *Voyez* la note 11.

le souverain dans nos murs. Ainsi furent bâties les façades régulières de Tourny, dont le peu d'élévation atteste encore les dernières craintes du pouvoir. C'est aux mêmes conceptions que nous devons les places Dauphine, du Marché-Royal, de Tourny, de Bourgogne, des Capucins et d'Aquitaine. La première de ces places remplaça un monticule et un cimetière infect; la seconde fut décorée d'une fontaine en marbre, aujourd'hui détruite ; la troisième est déjà veuve de son nom ; les autres sont encore ornées de portes de ville dont la majestueuse simplicité annonce au voyageur la Métropole d'une contrée opulente et industrieuse. En vous rappelant, aussi rapidement qu'ils furent conçus, ces monumens de votre splendeur, pourquoi passerais-je sous silence deux autres édifices moins brillans, mais plus dignes d'arrêter vos regards ? Ce n'est pas devant vous, Messieurs, que je craindrai d'admirer ce que M. Tourny s'honora de faire pour l'infortune. Ces deux Ecoles destinées aux enfans du pauvre, nous avertissent que la prévoyance de leur fondateur s'étendait à tout. Eh ! quelle classe de citoyens ne lui est pas redevable? Le commerçant lui doit ses canaux, ses quais, ses magasins; le voyageur des routes commodes; l'agriculteur sa prospérité; le peuple ses cours, ses voies publiques, ses fontaines, et l'air salubre qu'il respire; il a tout créé; votre magnificence, votre bonheur sont son ouvrage. Ses plans furent si sagement conçus que tout ce qui s'est fait après lui de grand et d'utile, est venu naturellement se placer dans les alignemens que sa main avait tracés; ses monumens ont été des jallons plantés pour les embellissemens futurs, comme ses actes seront à jamais des règles de conduite pour les Administrateurs appelés à lui succéder (*).

Mais le dirai-je, Messieurs, nous jouissons de tant d'avantages avec une dédaigneuse indifférence, l'habitude nous permet à peine de remarquer ce qui devrait exciter notre admiration; et si vous en exceptez un petit nombre, la plupart des habitans d'une ville qu'il a faite si brillante, auraient besoin qu'on leur rappelât ce navigateur dont nos vieillards aiment encore à s'entretenir. Pardonnez-moi cette digression.

---

(*) *Voyez* les notes 12, 13, 14 et 15.

Parti de Bordeaux avant d'avoir connu le nom de M. Tourny, cet homme, après avoir passé plus de quarante ans dans l'Inde, éprouve enfin ce besoin impérieux qui tourmente le cœur du voyageur à la fin de sa vie : il veut revoir le sol natal. Il y revient, et dans la nuit il jette l'ancre au milieu du fleuve. Aux premiers rayons du jour, il accourt sur le pont. Déjà les feux du soleil levant, réfléchis par les innombrables vitraux de la rive, déroulaient sur les flots un long rézeau de pourpre et de lumière ; déjà l'activité matinale couvrait de chars et de traîneaux ces quais immenses, chargés des trésors des deux mondes. Son œil avide erre sur le rivage ; il le voit décoré dans toute son étendue d'édifices dont une partie est régulière, et dont l'autre offre, dans son opulente diversité, des beautés d'un autre genre. Il contemple successivement la Place-Royale et ses monumens, le vaste tapis verd aujourd'hui méconnaissable, et plus loin, des dômes de verdure. Par-tout ses regards découvrent de nouvelles richesses, de nouvelles magnificences. Le navigateur a revu sa patrie, sa patrie dont il fut si long-temps séparé ; mais dans son étonnement il la redemande à ceux qui l'entourent. Ses yeux l'abusent, il ne peut croire que ce pays où il vient terminer ses jours soit celui qui l'a vu naître. Cependant il se fait conduire au rivage. D'autres merveilles l'y attendaient. Entré par la rue du Chapeau-Rouge, il arrive devant le théâtre, et dans son ignorance des hommes et des choses, il confond ce fastueux ouvrage d'un courtisan voluptueux avec les bienfaits d'un sage Administrateur. Il traverse les Allées, et se rend au Jardin-Public, alors couvert de fleurs, et qui n'était pas encore un champ de Mars : ses pérystiles, ses ombrages, ses points de vue, le frappent moins vivement que les rues nouvelles dont il est environné. Dans son ravissement, il veut tout voir, tout parcourir. Après avoir mesuré de l'œil ces longues avenues qui transportent dans le sein de la cité les riantes images de la campagne ; après avoir admiré ces eaux jaillissantes au milieu des places et des voies publiques, profondément ému à l'aspect de tant d'édifices et de monumens, dont l'ensemble lui présente un beau idéal indépendant de la plus ou moins grande perfection des détails, il demande où Bordeaux a érigé la statue du fondateur. On ne paraît pas l'entendre. Il réitère sa question. Tous rougissent et gardent le silence. Alors il reconnaît l'ingratitude de ses compatriotes, il gémit, et deux ruisseaux de larmes s'échappent de ses yeux.... Bienfaiteurs de l'humanité! voilà votre récompense. Les pleurs de la reconnaissance indignée sont communément le premier tribut offert à votre cendre.

O vous qui avez long-temps vécu loin de la patrie! vous qui avez, à son souvenir, si souvent mouillé de larmes la terre de l'étranger, vous seuls pourriez nous peindre quelle joie vive et profonde pénètre le cœur de l'homme, quand, après une longue absence, il revoit le sol natal embelli, heureux et paisible! Vous seuls trouveriez, sans les chercher, ces expressions fortes, ces images vraies, ces traits brûlans que me refuse l'éloquence. Vous apprendriez aux habitans de cette Métropole, qui ne connaissent de M. Tourny que les dons qui leur sont personnels, de quel amour, de quels respects ils doivent entourer sa mémoire. Mais que plutôt ils apprennent à le chérir pour des motifs plus grands, plus désintéressés, plus généraux : qu'au milieu de ces monumens qui les environnent, ils sachent enfin démêler les vues secrètes du grand homme qui les érigea. Des monumens ne suffisent pas pour mériter le nom de Grand : il faut que leur construction se lie à un système utile au genre humain. Comme Agrippa, Séjan fonda des édifices publics, éleva des temples, construisit des aqueducs, aggrandit Rome, embellit plusieurs colonies ; cependant la postérité a mis à des places bien différentes le ministre de Tibère et le gendre d'Auguste. Aussi, Messieurs, je rougirais de vous rappeler que M. Tourny jeta les premiers fondemens de votre opulence, s'il n'eût songé qu'à flatter votre vanité, en obéissant à la sienne. Mais il voulut vous assurer le bonheur, vous attacher à votre Patrie, fixer l'étranger dans vos murs, confondre vos intérêts dans ceux de la France entière, et votre prospérité dans celle de tout l'Etat. La main qui décorait Bordeaux, couvrait aussi toute la Généralité de grandes routes et d'établissemens de toute espèce ; si elle encourageait le commerçant, elle encourageait également l'agriculteur et le manufacturier. Quand l'illustre Intendant demandait pour vous des plans au génie de Soufflot, appelait le ciseau du statuaire Françin, et invitait tous les arts à se choisir au milieu de vous une patrie, il répandait aussi dans les campagnes de nouvelles lumières, des procédés plus surs et d'heureuses expériences. S'il projetait pour vous, dans un avenir que lui ravit l'iniquité, d'autres monumens, un Hôtel de Ville, un Palais de justice, des hôpitaux, des temples, il projetait de même pour toute la province d'autres communications, d'autres canaux, d'autres plantations, d'autres desséchemens. La cause de l'humanité fut la sienne. Restreindre aujourd'hui sa gloire à ce qu'il fit pour vous, ce serait imiter l'ignorant superbe, qui ne voit dans l'ordre général des mondes qu'une brillante décoration disposée pour lui seul. S'il était encore des hommes imbus d'un pareil préjugé, je leur dirais : sortez enfin du cercle étroit qui vous tient renfermés, jetez les yeux sur vos annales; voyez, avant M. Tourny, votre Cité, vos campagnes, périodiquement ravagées par d'effrayantes contagions ; votre tranquillité sans cesse troublée par des guerres intestines; votre commerce profitable au seul étranger; votre

Place sans relations avec l'intérieur et condamnée aux spéculations lointaines ; les arts presque inconnus parmi vous ; les lettres négligées ; votre barreau , aujourd'hui l'honneur de la France , alors entièrement ignoré : reconnaissez ce que vous fûtes , et voyez ce que vous êtes. Si vous ne sentez pas combien l'Administration de M. Tourny hâta puissamment ces heureux changemens, si vous les attribuez seulement à la marche du temps, du temps qui a laissé si loin de vous d'autres cités plus favorisées de la nature, je vous plains, vous n'avez jamais réfléchi sur les rapports de l'Administration d'un grand homme avec son siècle et l'avenir.

Mais je n'ai point à combattre ici une pareille erreur : je parle devant des hommes habitués à méditer sur les véritables causes de la décadence ou de la prospérité des cités et des Empires, et telle est ma confiance dans leur sagesse, leurs lumières, leur amour pour la vérité, leur éloignement pour toute espèce de préjugés, qu'après avoir tracé rapidement une faible esquisse des travaux de M. Tourny, pendant les quinze années de son administration , j'oserai dire quelle fut sa triste récompense. L'oubli des bienfaits dont il nous avait comblés, l'ingratitude d'un prince qu'il nous avait forcés d'aimer, des jours empoisonnés par la calomnie, une mort hâtée par le chagrin; voilà, Messieurs, le douloureux salaire que lui réservait la fortune.

J'ai parlé d'ingratitude et d'oubli; ah! n'en accusons point un peuple vif, léger et avide de nouveautés, mais bon, généreux et sensible. Il aurait eu, sans doute, plus de mémoire, s'il n'avait pas été, aussitôt après la perte de son bienfaiteur, soumis aux influences les plus funestes. La reconnaissance, comme tous les autres sentimens vertueux, ne saurait subsister au sein de la dépravation, et le souvenir des bienfaits dut s'éteindre, quand tous les vices d'une cour impure vinrent momentanément infecter nos provinces.

Qu'ai-je dit, Messieurs, et comment vous dissimuler l'embarras où me jette mon sujet? Vous me voyez placé entre la justice qui me défend de laisser un reproche odieux peser sur la cendre de vos pères, et le désir que j'aurais de passer sous silence les torts d'un homme éminent et célèbre, qui ne fut pas sans droits à votre reconnaissance.

Au seul nom du duc de Richelieu, vous allez vous rappeler la protection distinguée qu'il accordait aux savans, la noble et modeste familiarité avec laquelle il se présenta souvent dans cette enceinte; vous vous souviendrez combien vos devanciers aimaient à contempler au milieu d'eux ce front couronné de lauriers ; et la défaveur attend peut-être l'orateur trop véridique, qui vient opposer à ces doux souvenirs les maux réels dont nos ancêtres eurent la douleur d'être témoins. Mais non , l'auguste ministère que j'exerce en ce moment me rassure, et m'avertit que vous ne pouvez attendre de moi que la vérité.

Le maréchal de Richelieu , auteur de beaucoup de mal et de quelque bien, fut un de ces hommes étranges, qui, par un déplorable assemblage de grands vices et de grandes qualités, deviennent l'objet des jugemens les plus opposés. Intrépide dans les combats, et souple en intrigue; généreux dans le commerce ordinaire de la vie, et perfide en ces liaisons intimes qui tiennent de plus près au cœur; avide de gloire et plus avide de plaisirs ; appelé, par l'élévation de son génie, à être un grand homme d'état, et ramené par ses habitudes au rôle de courtisan, son amabilité, son esprit et ses grâces, firent excuser ou plutôt admirer à la cour son luxe effréné, ses passions déréglées, et ses goûts criminels. Heureux si cette folle admiration n'avait pas aussi gagné nos provinces ! Mais on s'y laissa éblouir par l'homme qui brillait dans les sallons de Louis XV. Dèslors on vit succéder aux mœurs antiques une licence toute nouvelle pour nos pères; aux honorables calculs du commerce, les infames spéculations du jeu ; à la modestie d'une jeunesse industrieuse, le luxe et les travers des courtisans de Versailles; à la pudeur des chastes familles, le trouble, le scandale et le malheur. En ces temps déplorables, dont de meilleurs jours ont effacé la trace, M. Tourny fut bientôt oublié. Eh ! comment aurait-on associé le souvenir de ses vertus, aux images que présentait la cour du maréchal ! Etonnonsnous bien plutôt de ce qu'on ne pût alors réussir à arracher le nom de Tourny au peu de monumens qui le portaient encore. Honneur, mille fois honneur aux magistrats populaires et courageux qui s'opposèrent à cette profanation ! Sans eux, MESSIEURS, ces allées, à l'ombre desquelles vous êtes réunis, porteraient aujourd'hui le nom de Fronsac ; et pour retrouver celui de votre bienfaiteur, il vous faudrait recourir aux Cités voisines. Ces villes secondaires ont moins reçu que vous, mais plus heureuses, elles n'ont pas été menacées de perdre ce qu'elles chérissent encore comme un titre de gloire (\*).

Cependant quelle cause secrète avait rapprochés, pour les opposer l'un à l'autre, ces deux hommes engagés dans des routes si différentes ? Vous l'avez entendu, MESSIEURS, les ennemis de M. Tourny redoublaient de haine, à mesure qu'il acquérait plus de droits à la reconnaissance du peuple. Ses travaux, son courage, sa vie publique et privée les réduisirent quelque temps au silence ; mais ils attendaient dans l'ombre le moment d'éclater, et le règne de Louis XV était déjà trop avancé pour qu'une occasion si désirée tardât à se pré-

---

(\*) *Voyez* la note 16.

senter. Elle vint s'offrir d'elle-même, à l'époque où le Ministère projeta le renouvellement des terriers de la Guyenne. On avait choisi dans le Conseil une Commission pour diriger cette opération, et M. Tourny venait d'en être nommé Président. A cette nouvelle le Parlement, croyant ses prérogatives méconnues, se souvenant aussi peut-être de ses anciens démêlés avec l'Intendant, s'oppose aux vues du Ministère, avec cette violence dont l'histoire de nos Cours souveraines offre tant d'exemples. La haine se réveille : ses lâches émissaires se glissent auprès du Sénat; ils flattent, caressent, irritent des cœurs qui n'en avaient pas besoin, et tout prend un caractère hostile. Les Chambres demeurent assemblées, on défend aux sujets d'obéir au souverain, le cours de la justice est interrompu ; enfin quatre trésoriers de France, coopérateurs de M. Tourny, sont menacés par arrêt de perdre la liberté, et, sans quelques avis plus calmes, il eût été lui-même frappé d'un pareil décret (*).

Ce fut au milieu de cette effervescence générale, que le duc de Richelieu obtint

---

(*) *Voyez* la note 17.

le gouvernement de la Guyenne. On n'a point oublié combien le Parlement, jaloux de se ménager un appui aussi formidable en Cour, se hâta de féliciter le maréchal : peut-être même cet empressement fut-il plus vif qu'il ne convenait à la dignité de la Magistrature. Cependant, loin de moi l'idée que, non content d'aspirer à triompher du Ministère, ce corps vénérable ait aussi sollicité la disgrâce de M. Tourny. Non, les Degascq, les Daujeard, les Lavie, les Degourgues, quels qu'aient été leurs ressentimens personnels contre l'Intendant, ne prêtèrent point leurs mains loyales et pures à l'iniquité : tu y fus sur-tout étranger, toi, son ami, toi, le chef et l'honneur de ta compagnie, sage et vertueux Lebreton : tu n'avais pas consacré ta vie à l'étude et au maintien des lois, pour trahir celles de l'amitié !

Eh ! d'ailleurs, qu'était-il besoin de recourir à de honteuses intrigues ? Assez d'autres causes devaient naturellement amener la perte de M. Tourny. Ne suffisait-il pas de cette rivalité constante, qui subsistait entre les Gouverneurs et les Intendans ? La vertu modeste obligée de lutter contre l'ambition, le pouvoir et l'orgueil, ne serait-elle pas enfin forcée de céder? et le voluptueux vainqueur de Mahon pourrait-il jamais consentir à partager les respects publics, avec un sage Administrateur dont les mœurs, les services et les projets étaient la censure vivante des folies, du luxe et de la licence de la Cour? L'entrée triomphante du Maréchal dans nos murs fut effectivement le signal de la chûte du grand homme dont nous révérons aujourd'hui la mémoire. Que dis-je! au moment même où la multitude imprévoyante, toute éblouie du faste et des prodigalités de son nouveau Gouverneur, l'accueillait avec les démonstrations d'une joie insensée, le successeur d'un Administrateur digne d'un meilleur sort et d'un meilleur siècle, était déjà nommé.

Vous dirai-je, Messieurs, que par un dernier ménagement, ou par un rafinement de politique, car qui pourrait pénétrer les secrets motifs d'une faveur de cour, M. Tourny fut appelé au Conseil-d'Etat, et son fils à l'Intendance de Bordeaux? Le Ministère voulut-il honorer ou aggraver la disgrâce du père? je l'ignore. Mais ce qui l'honorait véritablement, c'était l'époque même où elle se déclarait. Il était glorieux de succomber, quand tout ce qui conservait encore quelques vertus était écarté, quand des courtisans dépravés se disputaient le gouvernement des provinces, quand la corruption disposait de tout, sous un monarque enseveli vivant au sein des voluptés.

Rapproché de cette Cour licentieuse, M. Tourny ne put long-temps en supporter la vue. Tous ses souvenirs lui rappelaient notre patrie; il regrettait de n'avoir pu terminer son ouvrage. La perte était pour nous, et à ses regrets on eût dit qu'elle ne regardait que lui seul. Il s'éteignait dans la douleur; mais si vous l'eussiez consulté, il avait cessé de vivre dès l'instant où il avait cessé de travailler à votre félicité. Cependant des lâches le poursuivaient encore, et le poursuivirent au-delà du tombeau. Un voile impénétrable environna sa dernière heure; ses papiers, ses projets, sa correspondance disparurent; la place même où reposait sa cendre demeura ignorée; on craignit qu'elle ne fût un jour arrosée de vos larmes. Ah ! Messieurs, que la haine et l'envie sont hideuses! qu'elles sont ardentes, opiniâtres et cruelles dans leurs poursuites!

Mais la gloire de M. Tourny reposait sur des titres à l'abri de tant de fureurs. La sagesse de son administration, les monumens dont il avait couvert nos villes et la province, le bonheur et l'opulence de tout un peuple, n'étaient pas de ces choses fugitives que l'on pût soustraire aux regards de la postérité. Elle devait tôt ou tard recueillir ces mémorables souvenirs : et le spectacle que m'offre aujourd'hui cette enceinte, la dignité de ce nombreux auditoire, les sentimens que je lis ici sur toutes les figures, m'avertissent que ce jour de justice est enfin arrivé ; que déjà même il ne manque au triomphe de M. Tourny, qu'une voix plus éloquente que la mienne.

Si nous vivions encore dans ces siècles héroïques où le peuple se chargeait d'honorer lui-même les grands hommes qui l'avaient servi, ce serait sur la place publique, en face même des monumens érigés par M. Tourny, qu'un orateur plus digne d'un pareil sujet serait appelé à célébrer tant de génie, de vertus et de bienfaits. Les temples seraient décorés de feuillage, l'encens fumerait sous les saints portiques, et la statue du Régénérateur de la Patrie s'élèverait au milieu des vœux, des concerts et des acclamations de la multitude reconnaissante. Mais puisque nos institutions civiles et religieuses nous ont ravi ces usages antiques, si propres à faire germer dans tous les cœurs l'amour de la véritable gloire, ah! du moins, honorons, autant qu'il est en nous, celui qui vécut pour nous. Que son exemple, souvent cité, aille éveiller une noble émulation dans quelqu'une de ces ames généreuses qui semblent appelées au même genre de gloire; parlons de lui au sein de nos familles; instruisons nos enfans à répéter son nom; qu'il se perpétue d'âge en âge; et quand l'ouvrage de l'illustre Intendant, quand cette opulente Cité, qui vous semble si durable, n'existera plus, que le souvenir de M. Tourny, de ses bienfaits et de notre reconnaissance vive encore dans la mémoire des hommes.

# NOTES HISTORIQUES.

(1) Louis-François AUBERT, Seigneur de Tourny, en Normandie, naquit vers l'année 1690. Son père qui avait été dans les affaires de finance, sur la fin du règne de Louis XIV, lui avait laissé une fortune considérable. Dans sa jeunesse, il acheta une charge de conseiller au parlement de Paris; et, en 1722, il en acquit une de maître des requêtes. Son activité, ses talens, ses lumières le firent bientôt remarquer. En 1730, il fut nommé intendant de Limoges. Les services signalés qu'il rendit à la province, sur-tout lors de la famine de 1740, fixèrent l'attention du ministère, et le firent juger digne de passer à l'Intendance de Bordeaux.

Nul Administrateur n'a parcouru avec plus de distinction cette carrière difficile, où, comme l'a très-bien dit un homme éloquent, le dépositaire de l'autorité suprême marche sans cesse entre la haine des peuples et la disgrâce du prince. Mais il ne reste de M. Tourny que le bien qu'il a fait. Ses mémoires, ses écrits, ses plans, tous ses papiers ont disparu, et le peu de matériaux qui nous sont parvenus ne nous ayant pas permis d'embrasser ensemble, comme nous le désirions, l'histoire de son administration, et celle de sa vie privée, nous y suppléerons autant qu'il est en nous, en recueillant ici quelques traits propres à nous le faire connaître sous ce dernier rapport.

On aime à pénétrer, pour ainsi dire, dans l'intérieur des personnages célèbres : notre vanité se console quand nous surprenons dans leur cœur quelques-unes de nos faiblesses, et nous sommes tentés de nous croire l'ame élevée, quand nous reconnaissons en nous quelques-unes de leurs vertus. Rien n'étant plus propre à nous faire entrer dans cette confidence intime, que ces lettres simples, amicales, où l'ame se montre sans art, sans feinte, sans prétention, sans songer même qu'on la voit, nous allons transcrire quelques fragmens de la correspondance de M. Tourny avec ses enfans. Les deux premières lettres nous montreront la tendre sollicitude d'un père pour une fille chérie (*), qu'il aurait voulu fixer auprès de lui, mais qu'une vocation religieuse ravit aux caresses paternelles. Nous retrouverons, dans le fragment de la lettre à son fils, la même tendresse et les mêmes sentimens; c'est encore le langage d'un père, mais c'est aussi celui d'un vertueux administrateur.

Bordeaux, avril 1747.

« Que ta lettre, ma chère fille, que je n'ai reçue
» que le dernier courrier, m'attendrit et m'afflige! je

---

(*) Catherine-Marie-Félicité Tourny, née à Paris, en février 1725, morte aux Calvairiennes de Paris, en

» ne puis te dire combien de larmes sont coulées de
» mes yeux en la lisant, combien depuis, en y son-
» geant, combien encore en coule en ce moment !
» tu serais touchée de ma peine et de ma tendresse,
» si tu en voyais des preuves si naturelles et si cer-
» taines. Puisse-tu l'être assez du récit, pour qu'il
» ouvre ton cœur au changement que je désire !

» Mon plus grand plaisir, ma fille, eût été de
» t'établir, il y a quelques années, d'une façon qui
» eût fait ton bonheur. Depuis, dans la douleur
» amère d'avoir perdu ta mère (*), je cherchai une
» consolation de tous côtés. J'espérais que tu me tien-
» drais lieu d'elle. Tes lettres m'annoncèrent bientôt
» que je ne devais pas compter sur la première par-
» tie de mes idées, et même ne me laissèrent que
» l'espérance de la seconde. Cependant j'imposai si-
» lence à mon chagrin, je crus même le sentir s'a-
» doucir. A quel excès le portes-tu aujourd'hui ! tu
» ne faisais donc que préparer le coup le plus sen-
» sible que je pusse recevoir !....... Ne prends pas,
» ma chère fille, pour la volonté de Dieu, cette
» idée de retraite absolue. Si c'était la volonté di-
» vine, elle parlerait à mon cœur, pour y donner
» le consentement que tu me demandes ; au lieu
» qu'elle semble m'autoriser dans l'opposition infinie
» que j'y ai...... Je t'arroserais de mes larmes, si je
» t'embrassais réellement, comme je le fais de cœur
» par cette lettre. »

_____

(*) Madame de Tourny, morte subitement à Bordeaux, le 14
mars 1746.

Bordeaux, mai 1747.

« Mes lettres te touchent et t'attendrissent, ma
» fille? mais leur impression en reste là, et la na-
» ture émue est bientôt après surmontée par la vo-
» cation. Prie Dieu qu'il la fasse taire aussi chez
» moi, pour que je puisse parvenir à voir, sans le
» plus vif regret, que nous serons séparés pour la
» vie. Qu'il faut de temps pour que ce changement
» s'opère! Donne-le moi. Les affaires qui me pres-
» sent, et les larmes qui me suffoquent, m'empê-
» chent de t'en dire davantage. »

Paris, 1758.

« Ma seule satisfaction, mon fils, est de n'avoir
» jamais commis volontairement aucune injustice.
» J'ai fait beaucoup de bien et jamais de mal. L'au-
» torité ne m'a semblé douce que par le plaisir d'o-
» bliger les hommes, souvent malgré eux. La véri-
» table puissance ne consiste pas à se faire craindre,
» mais à se faire aimer. C'est ainsi qu'il est glorieux
» d'employer le nom de son maître.

» Je vous laisse, mon fils, une province que j'ai
» aimée avec la plus vive affection. Vous recueillerez
» la gloire de ce que j'ai fait pour elle, et vous
» jouirez plus que moi du fruit de mes travaux.
» Soyez juste, humain, sincère; que jamais vos
» passions, ou des motifs personnels n'influent sur
» votre administration. Croyez que tout le peuple
» est le juge sévère de vos moindres actions, et que
» ceux-mêmes que l'intérêt asservit à nous faire la

» cour, sont les premiers à nous scruter pour pro-
» fiter de nos faibles. Notre place nous donne le
» pouvoir de nous venger ; mais confondez plutôt
» vos ennemis par vos bienfaits. »

De pareilles maximes sont dans toutes les bouches ; mais qu'il est rare qu'elles soient la règle des hommes revêtus d'un grand pouvoir ! Le même langage et les mêmes principes se montrent dans ce peu de lignes que M. Tourny écrivait, au sujet de quelques habiles ouvriers venus à Bordeaux d'après son invitation.

« Que dirait-on, mandait-il à un ami, si j'aban-
» donnais ces hommes, qui, sur la foi de mes pro-
» messes et de mon autorité, ont hasardé leur for-
» tune ? C'est pour eux que le gouvernement doit se
» montrer libéral, et puisqu'ils font vivre les familles
» qu'ils occupent, on ne doit pas regretter les sa-
» crifices. »

Citons encore quelques mots de M. Tourny : ils nous feront connaître sa belle ame et son bon esprit.
On ouvrait la rue Hustin, et le propriétaire qui a donné son nom à cette rue, obligé de sacrifier une faïencerie à laquelle il était fort attaché, s'emportait vivement contre l'Intendant, et en sa présence. *Vous me maudissez,* lui dit M. Tourny, *vos fils, plus justes et plus heureux, me vengeront; ils béniront ma mémoire.*

Un jour, il se retirait du Parlement, où il s'était rendu à l'occasion de la famine de 1747 et de 1748, le Doyen, M. Mauvésin, vieillard factieux, ardent et emporté, lui cria, en mauvais patois : *Vous étes bien heureux, Monsieur l'Intendant, que cette jeunesse* ( il désignait les jeunes conseillers ) *n'ait pas pensé comme moi; vous ne seriez sorti que la corde au cou.* — *Monsieur le Doyen*, répliqua-t-il, *je savais que Bordeaux serait embelli, mais j'ignorais qu'il dût aussi avoir un jour de meilleurs juges.*

(2) En 1744, l'Intendant se rendait de Bordeaux à Sainte-Foi ; arrivé à Castillon, il voit tout le monde en habit de fête ; il s'informe du sujet. On lui apprend qu'on fait en ce jour la dédicace de la nouvelle église paroissiale du lieu, fondée par Turenne. Au nom du héros, il met pied à terre, et court mêler ses vœux et ses prières à ceux des simples villageois. Les grands hommes de tous les siècles sont de la même famille ; n'importe le genre de gloire : ce qui fut véritablement grand est toujours respecté de qui doit l'être un jour.

(3) M. Tourny autorisa des emprunts dans toutes les communes de sa Généralité, pour l'achat des grains. Il était réservé à l'historien de la ville de Libourne de trouver dans cette faveur un titre d'accusation contre lui. L'arrêt du conseil, du 21 août 1747, ayant lié les mains aux commerçans qui avaient traité avec les jurats de Libourne, et les ayant mis dans l'impossibilité de tenir leur marché, l'affaire fut portée devant l'Intendant, juge en cette matière. Il donna gain de cause aux vendeurs qui prouvaient avoir été dominés par une force majeure. De là, dit *l'auteur des Essais-Variétés sur Libourne*, raison de

soupçonner M. Tourny d'avoir été de connivence avec les fournisseurs : il ajoute naïvement qu'il serait embarrassé de justifier la conduite de l'Intendant. Cela m'étonne. Avec une logique aussi lumineuse, connaît-on des difficultés ? Plus loin, le même auteur, quittant le poignard pour l'encensoir, déclare que M. Tourny fut un grand Administrateur. Puissamment raisonné ! affamer le peuple et le bien administrer !

Pardonnons au compilateur qui, pour enfler les annales de Libourne, va colligeant à droite et à gauche, sans choix et sans mesure, le faux et le vrai, des tirades cyniques et des bribes philosophiques, de la prose et des vers, du mauvais et du pire; pardonnons-lui d'avoir construit deux lourds *in*-8.° avec de pareils matériaux, aussi étrangers à sa petite ville qu'à la saine critique : un autre a bien fait deux vol. *in-f.°* sur un zeste de citron. Soyons même assez indulgens pour nous taire sur la manière dont il traite nos meilleurs auteurs : il est permis de préférer Mœvius à Virgile. Mais quand nous le voyons accuser, avec la même légèreté, le bienfaiteur de la Patrie, déplorons franchement l'erreur de certains hommes, d'ailleurs très-estimables, qui se laissent dominer par la fureur d'écrire, avant d'avoir consulté la raison, et mis la main sur leur cœur.

(4) La famine de 1748 ne fut pas seulement la suite nécessaire des mauvaises récoltes de trois années consécutives; l'avidité de Madame de Pompadour et de ses créatures, aggrava encore cette calamité pu-

blique. On mit en *partis* le commerce des grains, et cette opération devint plus désastreuse que la rigueur des saisons. Le mal fut tel dans les derniers temps, que le paysan des deux rives de la Garonne, brouta l'herbe des plaines.

(5) En 1720, une disette cruelle affligea la ville de Bordeaux, et le parlement accusa les jurats d'y avoir contribué. Les jurats n'avaient cependant rien à se reprocher.

(6) Ce fut sur-tout à l'époque où l'on proposa d'appliquer à la Guyenne les réglemens rendus pour le Béarn, relativement aux communaux, que M. de Tourny représenta vivement au ministère combien leur aliénation serait odieuse et funeste. Quelques personnes ne conviennent pas de l'utilité des communaux; nous les renvoyons à ce qu'on a écrit de plus judicieux sur cette matière : ce n'est pas ici le lieu d'agiter une question d'économie politique, qui n'est pas susceptible d'une décision générale applicable à tous les pays.

(7) M. Tourny avait consulté attentivement l'origine des péages sur les rivières, leur institution, les charges dont ils étaient tenus, et ce qu'ils coûtaient à l'Etat. Il avait en conséquence proposé un plan de suppression qui n'emportait aucune dépense, et dont les propriétaires n'auraient pas eu le droit de se plaindre. Depuis plus d'un siècle ils jouissaient, sans remplir aucune de leurs charges : ainsi il ne s'agissait

que d'établir une compensation entre la valeur de leur propriété, et ce que l'Etat avait droit de réclamer d'eux. Ce système simple et juste ne fut point adopté.

(8) Après avoir établi la plus grande égalité dans les tirages de la milice, et interdit toute exemption de faveur, M. Tourny aurait voulu détruire le préjugé funeste qui éloignait la jeunesse de ce genre de service ; il aurait voulu vaincre une répugnance qui n'avait d'autre fondement que le peu de considération dont jouissait le corps de la milice ; car, par un étrange renversement des saines idées, ce corps, qui aurait dû être le premier de l'Etat dans l'ordre militaire, était le moins honoré. Ce fut pour écarter tout prétexte de désobéissance, que l'Intendant forma le projet de retirer aux subdélégués les opérations secondaires du tirage. Il avait résolu de les confier à d'anciens militaires blanchis dans les camps (\*), sûr que la présence de ces vieux guerriers inspirerait des sentimens plus généreux à une jeunesse naturellement brave, et rendrait aux drapeaux de la milice toute la considération dont ils auraient dû jouir. Mais il ne conserva point assez long-temps l'Intendance pour réaliser complétement un projet aussi sage.

(9) La répartition des impôts était jadis moins juste

---

(\*) Déjà, voulant essayer ce plan, il avait choisi à Bordeaux même, pour subdélégué, M. de Sorlus, ancien lieutenant-colonel des gardes-côtes, chevalier de Saint-Louis, et militaire très-recommandable.

qu'elle ne l'est de nos jours, souvent même l'arbitraire de la taxe l'emportait sur la dureté des percepteurs; mais M. de Tourny apporta le plus grand ordre et la plus sévère équité dans cette importante partie de l'administration. Si l'on veut prendre une idée exacte de la régularité de ses opérations, il suffira de jeter les yeux sur ce que M. de Saint-Georgez, avocat, en a publié quelques années après la mort de l'Intendant. Cet écrit, imprimé sous les yeux même du parlement, ne saurait être accusé de partialité.

« La répartition des impôts fixa sur-tout l'attention
» de M. Tourny dans ses départemens. C'est en effet
» d'une juste proportion entre les contribuables que
» résulte le droit d'arrêter les murmures et la récal-
» citration contre les impositions. Si cette répartition
» est dans chaque lieu confiée aux habitans même,
» elle dépend cependant toute entière de la distri-
» bution générale entre les divers cantons du même
» pays. La connaissance totale des revenus de chacun
» sert donc de base à la taxe des individus.

» M. Tourny suivait un principe analogue dans la
» dispensation des grâces du prince en forme de re-
» mise sur les impositions. Il faisait en sorte que son
» choix parût déterminé par le vœu général et sur
» un motif raisonnable, que les plus malheureux fus-
» sent les plus soulagés, et que la publicité de ces petits
» bienfaits réchauffât continuellement dans tous les
» cœurs, leur amour pour le roi et pour la patrie.
» Louis XV ayant accordé 200,000 francs de remise
» à la Guyenne, M. Tourny fit faire un rôle exact

» de toutes les paroisses comprises dans la faveur.
» Le premier rôle servait comme de préambule à
» autant de rôles particuliers pour chaque paroisse.
» De sorte que du même coup-d'œil on embrassait
» l'emploi effectif du tout, et celui des diverses par-
» ties. Le ministre et les cours souveraines étaient
» éclairées sur la distribution totale que M. Tourny
» se plaisait à leur démontrer, tandis que les paroisses
» et les individus étaient informés de ce qui les con-
» cernait séparément. »

Après quelques réflexions inutiles à mon objet, l'auteur ajoute :

« Les vingtièmes furent substitués au dixième et
» au cinquantième, sous l'Intendance de M. Tourny.
» L'autorité confiée en cette partie aux Intendans,
» ne lui fit point oublier que cet impôt, si léger
» d'abord, s'accroîtrait chaque jour, et il est glo-
» rieux pour sa mémoire de remarquer que les ob-
» servations qu'il fit au ministère sur la forme à donner
» à cet impôt, ce qu'on ne goûta pas d'abord, sont
» précisément les mêmes que les idées que l'on pra-
» tique aujourd'hui, après avoir essayé une foule
» de plans dont l'exécution a démontré les dangers
» aux cours souveraines et au gouvernement.

» L'impôt des vingtièmes, selon M. Tourny, était
» un des plus justes, parce qu'il tombait sur le
» propriétaire ; mais il prévoyait aussi que le riche
» n'y serait pas toujours imposé dans une proportion
» relative à ses propriétés et à celles de ses voisins,
» moins protégés que lui. Quelques démêlés que
» M. Tourny eut à ce sujet, avec les cours souve-

» raines séantes à Bordeaux, n'eurent pas de suite,
» et l'usage des cadastres reçus dans la moitié de la
» province, en facilitant la nouvelle opération, la
» rendit moins sensible pour les cotisables pendant
» quelques années. »

Ajoutons à ces notes, sur l'administration de M. de Tourny, un fait qui nous prouvera combien il s'occupait en même temps des vrais intérêts du commerce. Ce fut sous lui, qu'en 1749 et 1750, plusieurs maisons juives recommandables, habituées à fréquenter les foires de Bordeaux, obtinrent des brevets particuliers qui les autorisèrent à donner à leur industrie toute l'extension désirable. Le corps des marchands murmura ; mais la concurrence fit tomber le prix de plusieurs articles de consommation. D'autres familles avignonaises, de la même religion, obtinrent ensuite des lettres-patentes pour s'établir à Bordeaux, où les Juifs portugais étaient encore seuls tolérés. Cette faveur blessa sans doute quelques intérêts privés, mais les capitaux de la place se trouvèrent augmentés, et le commerce y gagna. L'Administrateur qui s'impose la loi de respecter en tout l'intérêt des corps ou des particuliers, s'interdit la faculté de travailler au bonheur de la société.

(10) Le Château-Trompette et le fort du Hâ, furent bâtis en 1461, par Charles VII, pour contenir et punir les Bordelais; le fort Saint-Louis, élevé sous Louis XIV, en 1676, eut la même destination : quel-

ques-unes des demi-lunes dataient du règne de Charles IX.

(11) La façade méridionale du port est l'ouvrage de M. Tourny; cependant la Place-Royale avait été projetée par son prédécesseur, et le plan ortographique en avait été dressé par M. Gabriël, premier architecte du roi; mais il était tellement défectueux qu'aucune rue intérieure de la ville n'aurait eu d'entrée commode sur cette place; on n'aurait pu communiquer de l'une à l'autre que par des arceaux extrêmement étroits. M. de Tourny fit reculer le pavillon central de plus de 60 pieds, donna ainsi un débouché à la rue Saint-Rémy, et ouvrit la rue Royale. Cette rue traversa celle des Capérans, (Chapeliers) qui y étaient établis au nombre de 72 : ils furent pour la plupart obligés de porter leur industrie ailleurs : de là ce dicton populaire : *ils ont été réduits à six.*

(12) L'emplacement des Allées de Tourny était autrefois destiné à recevoir les immondices de Bordeaux, et la maison Meyer, qui termine agréablement cette promenade, a remplacé une ancienne porte de ville, alors connue sous le nom de Porte Saint-Germain. Un mur de clôture se prolongeait depuis cette porte jusqu'à l'église Saint-Dominique : il séparait les propriétés des Jacobins de celles de la ville. Ce mur fut abattu en 1745; on commença la plantation des Allées deux ans après, et ensuite l'élévation des façades. Ce ne fut pas sans de vives contestations. Quelques

toises de couvent coûtèrent plus de soins, d'écritures, de démarches, que n'en a coûté par fois la conquête d'une province. D'un autre côté M. de Vendes, alors ingénieur en chef du Château-Trompette, s'opposa fortement à cette partie des projets de M. Tourny. Le ministre de la guerre fut même obligé d'étayer de tout son crédit l'Intendant; encore M. de Vendes obtint-il que les façades n'auraient pas plus d'élévation qu'elles n'en ont aujourd'hui. Admire qui voudra la constance de cet ingénieur militaire à ménager un libre jeu à des canons dirigés sur nos demeures, mais sachons gré à M. Tourny d'avoir prévu dès-lors que ces batteries meurtrières deviendraient un jour inutiles.

(13) Depuis le fort Saint-Louis, tel qu'il existe encore aujourd'hui, jusqu'à l'angle de la maison Ghérard, où se trouvait l'antique promenade que l'on nommait Plate-Forme, tout le sol était couvert de fortifications connues sous le nom de demi-lunes. Elles étaient élevées de vingt à trente pieds au-dessus du niveau du terrain. En partant de la maison Ghérard, et se dirigeant au nord, jusqu'à la Porte-Dijeaux, le terrain était également occupé par des fortifications. Ainsi, depuis la contre-garde du Château-Trompette jusqu'au fort du Hâ, et de celui-ci au fort Saint-Louis, la ville, d'une forme triangulaire de ce côté, était entourée d'ouvrages militaires. Dans cette enceinte, il n'existait pour sortir de Bordeaux qu'un seul chemin, à peine praticable pour les chevaux et les piétons.

M. de Tourny fit abattre toutes les demi-lunes, combler les fossés et les marais extérieurs. On lui doit les rues, les places, les cours, et la plupart des monumens élevés depuis les marais du Chartron jusqu'aux terres de Bordes, en un mot toute la partie extérieure de Bordeaux du côté des Landes et du Médoc.

(14) Le Jardin-Public a remplacé des terrains vagues et des marais. M. Tourny projetait de lui donner encore plus d'étendue et de magnificence; mais il trouva, dans l'entêtement des propriétaires voisins, des obstacles insurmontables.

(15) Les terrains situés derrière les Chartrons étaient en grande partie des marais que l'Intendant fit combler ou dessécher.

(16) Les efforts que le maréchal fit pour substituer le nom de Fronsac à celui de l'Intendant, soulevèrent tellement tous les cœurs honnêtes, que les jurats, non contens de s'opposer à cette odieuse substitution, refusèrent aussi de consentir à la destruction de cette partie des Allées de Tourny qui se prolongeait autrefois jusqu'à la rue du Chapeau-Rouge. M. de Richelieu fut contraint d'agir militairement. Dans une nuit, il fit raser tous ces arbres, et la place du théâtre fut dégagée. Je ne le blâme pas; mais l'entêtement peu raisonnable des jurats dut lui prouver du moins que l'on mettait encore quelque différence

entre le courtisan qui donnait à Bordeaux un théâtre, et le sage Administrateur à qui cette ville devait sa magnificence.

Si l'on trouvait M. de Richelieu jugé trop sévèrement dans ce discours, qu'on lise ses mémoires : il s'y accuse plus franchement encore. A défaut même de ses mémoires, dont il paraît d'abord assez difficile de concilier l'impudence et l'authenticité, on peut consulter l'histoire, elle en dit plus que je n'ai dû en dire.

(17) **On ne pouvait prévoir les suites d'un tel état de choses**, lorsque la mort du prince de Dombes, gouverneur-général du Languedoc, vint donner un dénouement favorable à la cause du parlement.

M. le comte d'Eu, à qui le ministre de la guerre avait retiré la grande maîtrise de l'artillerie de France, pour la réunir au ministère, reçut en dédommagement le gouvernement du Languedoc, et M. de Richelieu, jugeant l'occasion favorable pour solliciter celui de la Guyenne, le demanda et l'obtint. Aussitôt le parlement s'empressa d'enregistrer les provisions du maréchal : il se hâta également de réclamer son appui dans l'affaire des terriers. Le nouveau gouverneur répondit favorablement, cependant en promettant de faire terminer le tout d'une manière agréable pour la cour souveraine de Bordeaux; il l'engagea à reprendre ses fonctions. Elle n'en fit rien ; elle voulait un triomphe complet. La guerre devait le retarder. Sur ces entrefaites, des hostilités éclatèrent entre la France et l'Angleterre, et le maréchal fut envoyé à Minorque avec une petite armée de siége. Le 28 juillet 1756, il se rendit maître du fort Saint-Philippe de Mahon, et revint aussitôt intriguer à Versailles : ce fut l'époque où la disgrâce de M. Tourny fut enfin décidée. Si le parlement demeura étranger aux manœuvres du maréchal, du moins quelques-uns de ses membres ne les ignorèrent pas. Un mot recueilli dans les temps suffit pour le prouver : M. Tourny se trouvant à cette époque avec un président de cette cour, lui dit : « Eh ! bien, » président, dans votre tournée avez-vous entendu » parler de mes grands chemins ; en est-on content ? — « Fort content, répondit celui-ci ; on dit que » vous allez bientôt les courir. »

---

Je terminerai ces notes en consignant ici quelques détails que mes recherches, dans la patrie de M. de Tourny, m'ont procurées sur un des fils de cet homme célèbre. C'est honorer le père que de les faire connaître. On y verra combien il avait cherché à inspirer ses sentimens et ses goûts à ses enfans.

Il est près de Mantes une terre et un petit village appelés la Falaise, dont M. Galliot-Louis Aubert, Seigneur de Tourny, fils de l'illustre Intendant, fut le créateur. Bâti sur une colline, le château simple et modeste n'a de remarquable qu'un immense bassin d'eau vive, entouré de plantations agréables ; mais l'heureux emploi que M. Tourny sut faire de ces eaux abondantes, tient du prodige. Avant d'aller arroser les vallons, elles sont répandues ou ménagées avec tant d'art sur le vaste rideau de la colline, qu'elles y réunissent tous les accidens de la nature. Vous y trouvez des ruisseaux, des fontaines, des cascades, des étangs : ici l'eau paisible fait tourner d'utiles moulins ; là ce sont des torrens impétueux, des chutes bruyantes au milieu des rochers brisés, l'onde en courroux mugit et s'abyme dans les entrailles de la terre ; elle en ressort plus loin en mille ruisseaux qui s'égarent parmi les fleurs. Imaginez au milieu de ces rians tableaux, des cavernes, des gazons, des parterres, des cabanes, des tombeaux, tous les contrastes, mais disposés avec art, sans effort, à la distance nécessaire, pour que l'œil passe de l'un à l'autre sans fatigue. Tout est bien ; tout est à sa place. L'imagination y trouve ses rêves, le cœur ses sentimens, la gaieté un sourire, la mélancolie des pensées, tous les sens des jouissances. Quelques statues se montrent de loin en loin ; on les prendrait pour les ames heureuses de ce nouvel Elysée.

Mais il est quelque chose de plus digne de remarque à la Falaise. M. Tourny, comme son auguste père, se plut à rapprocher des images du bonheur l'exemple des vertus. Il fonda un établissement modelé sur celui de Salency. Tous les trois ans, le Pasteur, douze vieillards et le Seigneur proclament et couronnent une Rosière ; la pudeur reçoit avec un époux, une dot de six cents francs. Cette institution sacrée a traversé les orages de la révolution. Elle subsiste encore ; les mères y montrent encore avec vanité la rose obtenue dans leur jeunesse, et les vierges qui leur doivent le jour soupirent à l'aspect de la récompense promise à la vertu. Voilà leurs titres de noblesse, toute leur ambition, tout leur orgueil.

Après l'avoir adoré pendant sa vie, les habitans ont érigé à leur bienfaiteur un tombeau modeste comme l'ame du juste. Une Rosière en marbre blanc fait la seule décoration de ce monument funèbre. D'une main elle tient un cœur, de l'autre elle l'indique au spectateur attendri, et son regard exprime cette pensée inscrite sur le marbre : *Voilà le cœur qui nous aima !*

Quelle différence, quelle triste leçon nous présentent les destins du père et ceux du fils ! Le premier élève une cité, enrichit une province, établit de nouveaux rapports entre les peuples; le second bâtit un hameau, fertilise un petit coin de la terre, rend heureux quelques laboureurs : l'un mène une vie agitée, l'autre passe ses jours dans la retraite et la paix; le père meurt dans la douleur, la mort du fils est un doux sommeil après un heureux jour : la cendre de l'Intendant est oubliée, confondue, dispersée; le tombeau du modeste seigneur survit à ceux de nos rois, et reçoit encore des larmes. L'ingratitude seule a mis entre eux tant de différence ! Malheureux père, heureux fils, je vous réunirai tous deux dans mon cœur : là du moins vous aurez le même monument; il ne sera jamais profané.

www.ingramcontent.com/pod-product-compliance
Lightning Source LLC
LaVergne TN
LVHW020953090426
835512LV00009B/1880